O MELHOR DO KARATÊ — 3

Kumite 1

M. Nakayama

O MELHOR DO KARATÊ — 3

Kumite 1

Tradução
DENISE DE CARVALHO ROCHA DELELA
SÍLVIO NEVES FERREIRA

Editora
Cultrix
SÃO PAULO

Direitos de tradução para a língua portuguesa adquiridos com exclusividade pela EDITORA PENSAMENTO-CULTRIX LTDA. que se reserva a propriedade literária desta tradução.
Rua Dr. Mário Vicente, 368 – 04270-000 – São Paulo, SP – Fone: (11) 2066-9000
http://www.editoracultrix.com.br
E-mail: atendimento@editoracultrix.com.br
Foi feito o depósito legal.

Impresso por : Graphium gráfica e editora

SUMÁRIO

Dedicado
ao meu mestre
GICHIN FUNAKOSHI
e a
MINORU MIYATA

INTRODUÇÃO

A última década assistiu a uma crescente popularidade do karatê-dō em todo o mundo. Entre os que foram atraídos por ele encontram-se estudantes e professores universitários, artistas, homens de negócios e funcionários públicos. O karatê passou a ser praticado por policiais e por membros das Forças Armadas do Japão. Em muitas universidades, tornou-se disciplina obrigatória, e o número das que estão adotando essa medida cresce a cada ano.

Com o aumento da sua popularidade, têm surgido certas interpretações e atuações desastrosas e lamentáveis. Primeiro, o karatê foi confundido com o chamado boxe de estilo chinês, e sua relação com o *Te* de Okinawa, que lhe deu origem, não foi devidamente entendida. Há também pessoas que passaram a vê-lo como um mero espetáculo, no qual dois homens se atacam selvagemente, ou em que os competidores se golpeiam como se estivessem numa espécie de luta na qual são usados os pés, ou em que um homem se exibe quebrando tijolos ou outros objetos duros com a cabeça, com as mãos ou com os pés.

É lamentável que o karatê seja praticado apenas como uma técnica de luta. As técnicas básicas foram desenvolvidas e aperfeiçoadas em longos anos de estudo e de prática; mas, para se fazer um uso eficaz dessas técnicas, é preciso reconhecer o aspecto espiritual dessa arte de defesa pessoal e dar-lhe a devida importância. É gratificante para mim constatar que existem aqueles que entendem isso, que sabem que o karatê-dō é uma verdadeira arte marcial do Oriente, e que treinam com a atitude apropriada.

Ser capaz de infligir danos devastadores no adversário com um soco ou com um único chute tem sido, de fato, o objetivo dessa antiga arte marcial de origem okinawana. Mas mesmo os praticantes de antigamente colocavam maior ênfase no aspecto espiritual da arte do que nas técnicas. Treinar significa treinar o corpo e o espírito e, acima de tudo, a pessoa deve tratar o adversário com cortesia e a devida etiqueta. Não basta lutar com toda a força pessoal; o verdadeiro objetivo do karatê-dō é lutar em nome da justiça.

Gichin Funakoshi, um grande mestre do karatê-dō, observou repetidas vezes que o propósito máximo da prática dessa arte é o cultivo de um espírito sublime, de um espírito de humildade. E, ao mesmo tempo, desenvolver uma força capaz de destruir um animal selvagem enfurecido com um único golpe. Só é possível tornar-se um verdadeiro adepto do karatê-dō quando se atinge a perfeição nesses dois aspectos: o espiritual e o físico.

O karatê como arte de defesa pessoal e como meio de melhorar e manter a saúde existe há muito tempo. Nos últimos vinte anos uma nova atividade ligada a essa arte marcial está sendo cultivada com êxito: o *karatê como esporte*.

No karatê como esporte são realizadas competições com o propósito de determinar a habilidade dos participantes. Isso precisa ser enfatizado, porque também aqui há motivos para se lastimar. Há uma tendência a pôr demasiada ênfase no fato de vencer as competições, negligenciando a prática de técnicas fundamentais, preferindo em vez disso praticar o jiyū kumite na primeira oportunidade.

A ênfase no fato de vencer as competições não pode deixar de alterar as técnicas fundamentais que a pessoa usa e a prática na qual ela se envolve. E, como se isso não bastasse, o resultado será a incapacidade de se executar uma técnica poderosa e eficaz, que é, afinal, a característica peculiar do karatê-dō. O homem que começar a praticar prematuramente o jiyū kumite — sem ter praticado suficientemente as técnicas fundamentais — logo será surpreendido por um oponente que treinou as técnicas básicas longa e diligentemente. É simplesmente uma questão de comprovar o que afirma o velho ditado: a pressa é inimiga da perfeição. Não há outra maneira de aprender, a não ser praticando as técnicas e movimentos básicos, passo a passo, estágio por estágio.

Se é para realizar competições de karatê, que sejam organizadas em condições e no espírito adequado. O desejo de vencer uma disputa é contraproducente, uma vez que leva a uma falta de seriedade no aprendizado dos fundamentos. Além disso, ter como objetivo uma exibição selvagem de força e vigor numa disputa é algo totalmente indesejável. Quando isso acontece, a cortesia para com o adversário é esquecida e esta é de importância fundamental em qualquer modalidade do karatê. Acredito que essa questão merece muita reflexão e cuidado, tanto da parte dos instrutores como da parte dos estudantes.

Para explicar os numerosos e complexos movimentos do corpo, é meu desejo oferecer um livro inteiramente ilustrado, com um texto atualizado, baseado na experiência que adquiri com essa arte ao longo de um período de 46 anos. Esse desejo está sendo realizado com a publicação desta série, *O Melhor do Karatê*, em que meus primeiros escritos foram totalmente revistos com a ajuda e o estímulo de meus leitores. Esta nova série explica em detalhes o que é o karatê-dō, numa linguagem que, se espera, seja a mais simples possível, e espero sinceramente que seja de ajuda aos adeptos dessa arte. Espero também que os karatecas de muitos países consigam se entender melhor depois da leitura desta série de livros.

O QUE É O KARATÊ-DŌ

O objetivo principal do karatê-dō não é decidir quem é o vencedor e quem é o vencido. O karatê-dō é uma arte marcial para o desenvolvimento do caráter através do treinamento, para que o karateca possa superar quaisquer obstáculos, palpáveis ou não.

O karatê-dō é uma arte de defesa pessoal praticado de mãos vazias; nele braços e pernas são treinados sistematicamente e um inimigo, que ataque de surpresa, pode ser controlado por uma demonstração de força igual à que faz uso de armas.

A prática do karatê-dō faz com que a pessoa domine todos os movimentos do corpo, como flexões, saltos e balanço, aprendendo a movimentar os membros e o corpo para trás e para a frente, para a esquerda e para a direita, para cima e para baixo, de um modo livre e uniforme.

As técnicas do karatê-dō são bem controladas de acordo com a força de vontade do karateca e são dirigidas para o alvo de maneira precisa e espontânea.

A essência das técnicas do karatê-dō é o *kime*. O propósito do *kime* é fazer um ataque explosivo ao alvo usando a técnica apropriada e o máximo de força, no menor tempo possível. (Antigamente, usava-se a expressão *ikken hissatsu*, que significa "matar com um golpe", mas concluir disso que matar seja o objetivo dessa técnica é tão perigoso quanto incorreto. É preciso lembrar que o karateca de outrora podia praticar o *kime* diariamente e com uma seriedade absoluta usando o makiwara.)

O *kime* pode ser realizado por golpes, socos ou chutes, mas também pelo bloqueio. Uma técnica sem *kime* jamais pode ser considerada um verdadeiro karatê, por maior que seja a semelhança. A disputa não é uma exceção, embora seja contrário às regras estabelecer contato por causa do perigo envolvido.

Sun-dome significa interromper a técnica imediatamente antes de estabelecer contato com o alvo (um *sun* equivale a cerca de três centímetros). Mas excluir o *kime* de uma técnica descaracteriza o verdadeiro karatê, de modo que o problema é como conciliar a contradição entre *kime* e *sun-dome*. A resposta é a seguinte: determine o alvo levemente à frente do ponto vital do adversário. Ele pode então ser atingido de uma maneira controlada com o máximo de força, sem que haja contato.

O treino transforma as várias partes do corpo em armas, que podem ser usadas de modo livre e eficaz. A qualidade necessária para se conseguir isso é o autocontrole. Para tornar-se um vencedor, a pessoa antes precisa vencer a si mesma.

Organização dos Volumes 3 e 4

Os volumes 3 e 4 da série *O Melhor do Karatê* apresentam um conjunto de técnicas, táticas e estratégias aplicáveis ao treinamento em kumite. Elas estão organizadas por capítulo de modo a oferecer orientações para o aperfeiçoamento do principiante. Fiz uso de um grande número de fotografias e de poucas palavras. Espero que vocês estudem ambas com atenção e treinem com diligência.

As técnicas usadas no kumite são demonstradas por instrutores da Associação Japonesa de Karatê, nesta seqüência:

Este volume:

Sen no Sen	Takeshi Ōishi, Shunsuke Takahashi
Go no Sen	Norihiko Iida, Yoshiharu Ōsaka
Tipos de Chutes	Masaaki Ueki, Mikio Yahara
Golpes em Combate de Perto	Keigo Abe, Mikio Yahara
Chutes em Combate de Perto	Katsunori Tsuyama, Eishige Matsukura
Rotação, Tai-sabaki, Arremesso ao Chão	Tetsuhiko Asai, Yoshiharu Ōsaka
Ataque em Dois Níveis	Hirokazu Kanazawa, Yoshiharu Ōsaka

Volume 4:

Kuzushi, Varredura de Perna	Keinosuke Enoeda, Fujikiyo Ōmura
Técnicas de Mudança	Toru Yamaguchi, Yoshiki Satō
Chute Incisivo	Masahiko Tanaka, Masao Kawazoe
Resposta a Soco ou Chute	Masao Kawazoe, Yoshiharu Ōsaka

Técnica da Última Oportunidade	Mikio Yahara, Takashi Naito
Técnicas Contínuas	Hiroshi Shōji, Toru Yamaguchi
Kime de Bloqueio	Masatoshi Nakayama, Yoshiharu Ōsaka

Para ajudar o karateca a compreender o espírito e a atitude mental das artes marciais, inserimos excertos de:

Fudō chishin myōroku, de Takuan Zenji
Heihōka densho, de Yagyū Munenori
Gorin no sho, de Miyamoto Musashi
Ittōsai sensei kenpō sho, de Kotōda Yahei

1
KUMITE

SIGNIFICADO E TIPOS

O Significado do Kumite

O kumite é um método de treinamento em que se aplicam na prática as técnicas de ataque e a defesa aprendidas no kata. Nesse treinamento, os oponentes se encontram frente a frente.

Nunca se enfatizará suficientemente a importância do kata para o kumite. Se as técnicas do kata forem executadas sem naturalidade ou de maneira forçada, a postura será desajeitada. E se essas técnicas forem aplicadas de modo confuso, o kumite não se aperfeiçoará. Em outras palavras, o aperfeiçoamento no kumite depende diretamente do progresso no kata; os dois andam juntos como a mão e a luva. É um erro enfatizar um em detrimento do outro. Durante a prática do kumite, deve-se ter isso em mente.

Tipos de Kumite

Há três tipos de kumite: o kumite básico, o jiyū ippon kumite e o jiyū kumite.

Kumite básico

Nessa forma de kumite, a mais elementar, os oponentes, depois de combinarem o alvo, determinam a distância um do outro. Em seguida, praticam o ataque e a defesa, alternadamente. Isso pode ser feito por meio de um único ataque e bloqueio *ippon kumite* — ou de uma série de cinco — *gohon kumite* (ou de três, *sambon kumite*). (Ver Vol. 1, pp. 112-20.)

Jiyū ippon kumite e jiyū kumite

O falecido Minoru Miyata foi meu companheiro de classe e meu colega desde a fundação da Associação Japonesa de Karatê. Graças aos seus longos anos de experiência, ele tinha uma visão muito precisa do jiyū ippon kumite e do jiyū kumite. Por ser um homem cujas habilidades foram profundamente admiradas e em quem eu tinha grande confiança, eu gostaria de citá-lo a respeito desse assunto.

O método jiyū ippon kumite se resume no seguinte: os dois parceiros escolhem um *kamae* e ficam a uma determinada distância um do outro. [*Kamae*, postura, especificamente as do tronco e dos braços.] Depois de anunciar o seu alvo, o atacante arremete decididamente.

Para se defender, o oponente bloqueia, usando as técnicas que preferir, e contra-ataca imediatamente. Esse é um método de treinamento cujo objetivo é pôr realmente em prática as técnicas de ataque e defesa. Trata-se do *jissen* (luta real) kumite.

Desse modo, o atacante, dosando *maai* e *kokyū* (respiração), simulando ataques e usando outros estratagemas, tira vantagem de todas as aberturas e, agindo sempre no momento oportuno, desenvolve sua força de ataque. O bloqueador, avançando, recuando ou executando *tai-sabaki* para a esquerda ou para a direita, executa sua técnica em todas as direções, e contra-ataca. Por conter métodos de ataque e defesa em todas as direções, *kokyū*, *maai*, *tai-sabaki*, com deslocamento do centro de gravidade, e bloqueio ou finalização num só fôlego, o jiyū ippon kumite é um método extremamente importante para se desenvolver técnicas.

Eis um modo de considerar o jiyū ippon kumite: se, depois de atacar, o karateca engana o bloqueador e continua atacando, ou se ele ataca sem anunciar sua intenção, desviando o contra-ataque do bloqueador contra este, esse método de treinamento se transformará em jiyū kumite. Essa etapa preliminar para o jiyū kumite requer grande habilidade, por isso ela não é recomendada para principiantes, cujas técnicas não serão executadas com perfeição e por isso se mostrarão ineficazes. Só o praticante experiente saberá tirar proveito desse método para cultivar a verdadeira visão, o sexto sentido do ataque e da defesa. (Ver Vol. 2, p. 101.)

Ultimamente, a tendência é passar para o jiyū kumite prematuramente; e o resultado dessa impaciência — *kime* sem força ou vigor — pode ser observado com muita freqüência; falta aos participantes dos combates treinamento suficiente nos fundamentos e no kata. Essa precipitação é um erro, mas, apesar disso, creio que ela está tomando vulto. Para se conter essa tendência, em vez de se adotar o jiyū ippon kumite como etapa preliminar ao jiyū kumite, é da mais absoluta necessidade, antes de mais nada, conhecer profundamente cada uma das técnicas por meio de um treinamento correto e, ao mesmo tempo, dominar *maai*, *kokyū*, *tai-sabaki* e assim por diante. Assim, o ippon kumite pode ser a porta de entrada para o jiyū kumite.

O judô tem o seu *randori*, o karatê-dō tem o seu jiyū kumite, em que os parceiros não fazem nenhuma combinação anterior. Várias técnicas e alvos são proibidos. Respeitados estes, o karatê é uma forma livre de *jissen*.

Desde a Antigüidade, quando as técnicas eram secretas e praticadas individualmente, os kata constituíam a essência do treinamento e alcançavam um nível de significação extremamente elevado. Nos dias de hoje, o treinamento do karatê-dō também é feito por meio de kata. Quanto ao kumite, o kumite básico com preordenação de técnicas foi uma forma de treinamento desde tempos relativamente antigos, mas o jiyū kumite só foi adotado quando o karatê começou a ser praticado nas universidades e em outros lugares, no fim da década de 20. A prática por meio do gohon kumite ganhou impulso, o que levou à difusão do *shizen* (natural) kumite e do *jiyū* (livre) kumite. O jiyū kumite apareceu oficialmente pela primeira vez numa demonstração pública em 1936, quando se realizou um torneio para comemorar a fundação da Federação Japonesa dos Alunos de Karatê-dō. Comparado ao judô e ao kendô, sua oficialização foi tardia e, com o inevitável desenvolvimento do karatê como esporte, uma pesquisa mais profunda sobre o jiyū kumite ainda precisa ser realizada.

No treinamento do jiyū kumite são essenciais os seguintes elementos: *kamaekata, tachikata, me no tsukekata, maai* e *waza o hodokosu kōki*.

1. *Kamaekata*, postura, especificamente da parte superior do corpo

O kamaekata correto deve permitir o movimento de ataque e defesa em qualquer direção. Com o tronco em *hanmi*, fique ereto, mas mantendo os quadris ligeiramente abaixados. Mantenha a cabeça na posição correta, sem incliná-la para cima ou para baixo, nem para os lados. O braço que está na frente, ligeiramente flexionado e protegendo a lateral do corpo, deve apontar para um alvo situado entre o nariz e o lábio superior do oponente. O braço que fica atrás deve estar flexionado e próximo ao plexo solar. Nesse momento evite aplicar uma força desnecessária nos cotovelos e na boca do estômago. Essa é a postura de prontidão, em que o centro de gravidade está em sua posição natural.

2. *Tachikata*, posição

Mantenha o corpo leve, com os pés voltados ligeiramente para dentro e um pouco mais próximos do que na postura frontal ou na postura imóvel. Dobre um pouco os joelhos e distribua o peso do corpo igualmente entre as duas pernas. A força deve se concentrar na sola e nos dedos dos pés, mas os calcanhares devem estar afastados do chão, à distância da espessura de uma folha de papel. Continue a manter o corpo leve e a mente serena.

3. *Me no tsukekata*, fixação do olhar

Se você fixar o olhar no rosto do oponente, perderá a visão de outras coisas. Se você voltar os olhos para o chute dele, não verá a parte superior do corpo do adversário. Você precisa ter uma visão total do seu parceiro, desde o topo da cabeça até os dedos dos pés.

Para avaliar claramente o adversário à sua frente, fixe seus olhos num ponto distante além deles.

4. *Maai*, distância

Quando você está frente a frente com um adversário, o fator de maior importância na estratégia da luta é a distância. Na prática, *maai* é a distância a partir da qual o atacante pode avançar um passo e desferir um soco ou um chute decisivo; inversamente, é a distância a partir da qual aquele que se defende pode recuar um passo e se proteger de um ataque.

O *maai* pode ser maior ou menor de acordo com o físico e a técnica do praticante, mas, em termos ideais, significa manter o oponente afastado de você e estar próximo dele. O distanciamento desempenha um papel fundamental na decisão final pela vitória ou pela derrota e por isso é muito importante estudar e dominar o *maai* mais vantajoso.

5. *Waza o hodokosu kōki*, o momento psicológico para executar uma técnica

Quer no ataque em que o praticante toma a iniciativa antes [*sen no sen*], quer naquele em que toma a iniciativa depois [*go no sen*], a execução de uma técnica só será eficaz se ao menos ele tirar proveito de uma abertura. Existem três tipos de abertura: a abertura mental, a abertura no *kamae* e a abertura que ocorre durante um movimento. As considerações a seguir se referem a esse último tipo.

A. No início da técnica do oponente. Quando este, ao perceber uma abertura, inicia seu movimento, de forma direta e instantânea, no momento exato em que o adversário ataca. A mente do adversário estará no ataque que ele está prestes a desferir e assim sua defesa estará enfraquecida. Nesse breve instante pode facilmente surgir uma abertura.

B. Durante o ataque do oponente. Ataque enquanto você é atacado, ou no momento em que, ao bloquear um ataque contínuo, perceber que os objetivos estratégicos do oponente já se esgotaram e ele parou de aplicar sua técnica.

C. Quando a mente do oponente está imóvel. Nas artes marciais, o praticante recebe advertências rigorosas para que não vacile, não fique em dúvida, nem deixe que o adversário o pegue de surpresa. Na iminência de um chute ou de um soco, se você for assaltado pela dúvida ou se titubear diante do ímpeto do oponente, você vacilará no momento de desferir o ataque, o corpo se enrijecerá e uma abertura mental ocorrerá. Nesse instante a possibilidade de um ataque repentino é grande.

D. Crie uma abertura. Quando não houver abertura de nenhuma

natureza, você pode lançar mão de um artifício para distrair o oponente. Por exemplo, um movimento diversivo do pé pode atrair a atenção do oponente para baixo, dando oportunidade para um ataque na parte superior do corpo. Há muitas maneiras de se distrair a atenção do oponente com a mão ou com o pé, mas se isso for feito de maneira inábil o adversário poderá descobrir uma abertura. Na prática, é preciso manter um perfeito controle da própria força, e dar socos e chutes com profunda seriedade. Um modo de fazer isso é executar técnicas contínuas, que não dêem oportunidade para um contra-ataque. No momento em que a postura do oponente se desfaz criando uma abertura, desfira um ataque instantâneo e decisivo.

Os pontos acima devem ser estudados com muita atenção durante a prática do jiyū kumite. Apesar de me repetir, reafirmo que no jiyū kumite as técnicas podem se confundir. Portanto, o treinamento deve ser coordenado com os kata, com o jiyū ippon kumite, etc., tendo em mente que, antes de tudo, é preciso conhecer muito bem os fundamentos do karatê e dominar suas técnicas mais eficazes

Segundo Torneio Internacional da Federação de Karatê Amador, Tóquio, 1977

PREPARAÇÃO PARA O COMBATE

Compreensão do Treinamento

Os que dominavam o espírito do budô (artes marciais), transmitiram certos princípios secretos às gerações que lhes sucederam. Apresento aqui uma seleção desses escritos, que servem como um guia para o treinamento no kumite. Não é objetivo único desses escritos sua aplicação prática para decidir a questão da vitória ou da derrota; por meio deles o praticante pode entrar em contato com o espírito das artes marciais e julgar a si mesmo. Resta então praticar o karatê-dō com freqüência e tenacidade.

O estágio do principiante

O praticante de artes marciais passa pelo nível de principiante e vai, aos poucos, acumulando experiência até atingir um nível superior. Ele então retorna ao estágio de principiante.

Isso também acontece na arte da guerra. O principiante não sabe como segurar a espada nem como assumir uma posição. Sua mente divaga o tempo todo. Se for atacado, ele reage, mas não tem nenhuma estratégia. Então, à medida que seu corpo aprende a usar técnicas e posturas, ele passa a conhecer os estratagemas da batalha e sua atenção é desviada para várias coisas diferentes. Quando ele tenta golpear, vacila e se atrapalha. Entretanto, depois de meses e anos de treinamento, ele passa a aplicar as técnicas e posturas sem que precise fazer um esforço consciente. Esse é o estágio de principiante. Com desapego, livre de obstáculos, o movimento apropriado torna-se possível.

Takuan Zenji, *Fudōchishin myōroku*

A espada e o Zen são a mesma coisa

As artes marciais e o Zen concordam em muitos pontos. Ambos, em especial, desprezam e proíbem o apego às coisas materiais. E dão grande importância a isso. Não importa como a pessoa executa as técnicas que praticou em segredo. Se sua mente estiver apegada às técnicas, ela não conseguirá vencer. É fundamental, no treinamento, que a mente não se fixe, quer nos movimentos do adversário, quer no ato de golpear ou de bloquear.

Yagyū Munenori, *Heihōka densho*

O golpe exato

Golpear com precisão não é o mesmo que acertar um golpe. Seja qual for o tipo de ataque, a pessoa deve antes determinar como será o golpe e depois executá-lo exatamente como planejou. Por outro lado, acertar um golpe não é nada mais do que isso, mesmo que ele seja forte o bastante para matar o adversário. Golpear com precisão significa definir mentalmente o golpe que irá se aplicar e colocá-lo em prática assim como foi planejado.

Miyamoto Musashi, *Gorin no sho*

Isso é muito importante no karatê-dō e está relacionado com o *kime-waza*, a técnica decisiva. Musashi nunca defendeu a idéia de que a vitória é, por si mesma, o que importa. Ele sempre dizia aos seus alunos que, se o lutador não consegue definir se a vitória se deveu às suas próprias forças ou foi meramente acidental, ele jamais conseguirá alcançar um alto nível de habilidade.

Ken *e* tai

No decorrer da luta, lançar-se ao ataque com verdadeira concentração, tomando a iniciativa, é *ken*. Em vez de atacar de súbito, esperar a investida do adversário, é *tai*.

No que se refere à mente e ao corpo, convém manter a mente em estado de alerta (*tai*) e o corpo em atividade (*ken*). Se a mente estiver muito ativa, poderá ficar desordenada, o que a levará à auto-destruição. Vital para o sucesso é vencer deixando o oponente fazer o primeiro movimento. Tendo-se presente isso, diz-se também que mesmo com a mente em *ken* e o corpo em *tai* pode-se tirar vantagem do primeiro movimento do adversário. A mente, embora em movimento incessante, não está desprevenida e o corpo, embora em estado de alerta, está pronto para a ação. Essas duas expressões são pólos opostos, mas o significado é o mesmo: em ambos os casos induzir o adversário a agir.

Yagyū Munenori, *Heihōka densho*

Calmo externamente, ativo interna e externamente: ouvindo o som do vento e da água

Ken e *tai* estão ambos no interior e no exterior, sem predominância de nenhum dos dois lados. No interior, o *ki* (energia intrínseca) está em ação, em movimento, sempre atento; o exterior é calmo. Esse princípio corresponde às leis da natureza. Mais uma vez, durante um ataque vigoroso, se a mente não for arrastada pelos movimentos do corpo e permanecer calma, o movimento não se tornará confuso. Se a mente se agitar demais, haverá confusão, como é natural. *Ken-tai* e *dō-sei* estão alternadamente no interior e no exterior.

Uma ave na superfície da água mostra um exterior plácido, mas seus pés palmados estão em movimento. Do mesmo modo, à medida que se treina, a mente e o corpo se unem e passam a ser uma coisa só. Então, a pessoa age com perfeita liberdade e pode atingir o mais alto nível do treinamento marcial.

Yagyū Munenori, Heihōka densho

Sen

Duas maneiras de tomar a iniciativa

Para tomar a iniciativa, há o *tai no sen* e o *yu no sen*. Atacar frontalmente a partir de uma postura de luta é *tai no sen*. Mudar a postura e atacar, aproveitando a circunstância, é *yu no sen*.

No *tai no sen*, nenhum movimento é mostrado, o ataque frontal se faz a partir do *kamae* e as defesas são realizadas conforme a situação o exija. Isso significa invadir o campo do adversário, romper suas defesas e atacar. Nesse caso, as táticas vêm em primeiro lugar, as técnicas em segundo.

No *yu no sen*, o ataque resulta dos movimentos que mudam constantemente; e a defesa se faz mantendo-se uma postura imutável. Isso significa perturbar a postura do adversário, frustrar seus planos e atacar. Nesse caso, as técnicas vêm em primeiro lugar, as táticas em segundo.

Não conhecer essas coisas e tentar atacar imprudentemente resulta em derrota. Compreender a maneira de usar o ataque frontal e o ataque de surpresa pode fazer a diferença entre vitória e derrota.

Kotōda Yahei, Ittōsai sensei kempō sho

De um só fôlego

Depois de encontrar a melhor distância para desferir um golpe, ataque rapidamente, de um só fôlego, sem fazer nenhum movimento preliminar. Isso é chamado *ichibyōshi*. O inimigo deve estar prestes a atacar ou a se esquivar; quando ele vacilar, conclua o golpe. Pratique isso constantemente; aprenda a controlá-lo antes que surja a ocasião. Você deve dominar essa tática no treinamento.

Miyamoto Musashi, Gorin no sho

Em duas cadências

Quando chegar o momento de você golpear, o adversário pode recuar ou tentar se esquivar subitamente. Nesse momento, simule um golpe. O oponente irá contrair os músculos e relaxar momentaneamente. Ataque então, sem demora. Em outras palavras, faça-o relaxar. Isso é chamado *ni no koshi no hyōshi*.

Miyamoto Musashi, Gorin no sho

Três iniciativas

Existem três maneiras de tomar a iniciativa.

A primeira é tomar a iniciativa com o seu próprio ataque — *ken no sen*.

Outra é tomar a iniciativa quando o adversário ataca — *tai no sen*.

A terceira é tomar a iniciativa em ambos os casos — *taitai no sen*.

No início de qualquer competição, existem apenas essas três opções. Dependendo da maneira com que se toma a iniciativa, a vitória pode ser conquistada rapidamente.

Yagyū Shinkage-ryū

Go no Sen

Formas de bloqueio

Quando invadimos o território do adversário e é necessário bloquear sua espada longa, nossa espada curta pode estar direcionada para os olhos dele, enquanto sua espada longa pode estar preparada para atingir o lado direito do nosso corpo. Porém, o olho direito do oponente pode ser atingido e sua espada longa bloqueada por uma investida de obstrução, como se golpeássemos o seu pescoço. Outra maneira de fazer isso é não usar a espada curta para bloquear, mas atingir o rosto do oponente com a mão esquerda.

Há três formas de se bloquear, mas em qualquer uma delas convém agarrar a mão direita do adversário e tentar atingir o rosto dele.

Miyamoto Musashi, Gorin no sho

A iniciativa do adversário

Vença quando o adversário atacar.

Se ele muda de posição sem atacar, vença no momento em que ele de fato atacar.

Simule um golpe para induzi-lo ao ataque; vença quando ele atacar.

No *ken no sen*, pode-se fazer isso mantendo-se o corpo imóvel e atacando inesperadamente. Também pode-se manter a mente serena enquanto ataca vigorosa e rapidamente. É possível também levar a mente a um estado de tensão, abordar o adversário com vigor e frieza e atacar com grande concentração. Ainda é possível manter a mente "desligada" do começo ao fim, mas atacar com vigor e com um entusiasmo que venha do fundo do coração.

No *tai no sen*, quando o adversário ataca, pode-se manter uma aparência de fraqueza sem assumir uma posição. Quando ele estiver próximo, pule para trás, depois ataque a região do seu corpo que parece estar relaxada. Também pode-se reagir ao ataque adversário dando um passo firme para a frente, a fim de perturbar o ritmo do ataque. Aproveite-se disso e você poderá conquistar a vitória.

No *taitai no sen*, é possível enfrentar o ataque repentino do adversário de forma calma, mas vigorosa. Quando ele se aproximar, ataque, com uma postura decidida, o ponto do corpo dele que está relaxado; ataque de um só fôlego. Outra maneira de reagir ao ataque do adversário é manter o próprio corpo tranqüilo, como se estivesse flutuando. Quando o oponente se aproximar, observe sua posição e ataque vigorosamente.

Miyamoto Musashi, *Gorin no sho*

Segundo Torneio Internacional da Federação de Karatê Amador, Tóquio, 1977

2
SEN NO SEN

SEN NO SEN

Vista de frente, a posição inicial de ataque de Takeshi Ōishi é algo a ser observado. Seu *kamae* parece naturalmente simples, mas a verdade surge com fugaz rapidez, literalmente antes que haja tempo para se dizer "Ah". Seu posicionamento após a investida, no qual ele mantém o aprumo e o completo controle de suas faculdades (*zanshin*), está também além de qualquer descrição. Assim, ele é altamente respeitado pelos admiradores do karatê em todo o mundo, e sua técnica excepcional faz com que outros sigam seus passos.

Em contraste com a prática imperfeita de muitos, Ōishi desenvolve o seu treinamento com mais treinamento. Antes de praticar o karatê, ele era um dos mais habilidosos estudantes secundaristas kendōkas do Japão, e foi através do *kendō* que ele estudou exaustivamente o *sabaki* das pernas, que também é necessário no karatê. Isso exigiu muitos anos de aprendizado.

Seu senso do momento oportuno é exemplar. Esse senso é tão decisivo que a perda de um milésimo de segundo pode mudar completamente a situação e transformar a pessoa em vítima em vez de um vencedor. Ōishi observa os movimentos de seu oponente segundo por segundo, reconhece o seu alvo e ataca de forma decisiva. Sua técnica para se proteger com a outra mão é maravilhosa, quase perfeita. Atualmente, ele costuma tomar a iniciativa com um chute frontal.

O senso do momento oportuno é importante, assim como o ritmo também é, pois sem ele não se pode tomar a iniciativa. Nessa fração de tempo, quando a pessoa ainda não se decidiu a executar ou não uma técnica, é melhor mudar o *maai*. Mas tão logo ele seja reajustado, a técnica deve ser executada sem hesitação ou dúvida.

Nas fotografias das páginas seguintes, o oponente de Ōishi é Shunsuke Takahashi, que também goza de grande reputação pela excelência de suas técnicas.

3

7

10

1

2

1

2

3

Soco contra soco Quando surgir uma oportunidade, ataque com um soco direto frontal, sem dar ao oponente nenhuma chance de defesa. Agir com determinação é o mais importante.

Capacidade de perceber o momento oportuno Invista antes que o chute do oponente se complete. Postura e atitude mental após o ataque: esteja preparado para atacar novamente.

1

2

3

Fumikomi Desviar um chute para a esquerda, dando um passo para a frente com *fumikomi* e um soco inverso, requer um ágil movimento de perna.

Investida contra um soco no nível superior Aproxime-se com um salto e termine (*kime*) com um soco em estocada. A perna da frente deve se mover rapidamente, dando a impressão de que os seus quadris vão colidir com os do oponente.

Investida contra um chute Quando o oponente flexionar o joelho para chutar, aproveite a oportunidade para arremeter impetuosamente, tendo como alvo o tórax dele. Proteja seu ataque levando a outra mão à parte interna do joelho do adversário. Não se esquive da perna (ou braço) que ataca. Depois do ataque, arremeta com ímpeto mais uma vez.

1 2 3

1 4

2 5

3 6

Investida contra kamae Invista diretamente no momento em que o adversário estiver se posicionando; não deixe que ele pense na possibilidade de um bloqueio ou de um contra-ataque. Use o impulso da perna-pivô (*jiku ashi*) para desferir um ataque vigoroso.

Proteção com a mão Em vez de bloquear os socos ou os chutes, podemos precaver-nos contra eles usando a mão como proteção.

A prática do tsukkomi É importantíssimo que a mão passe de sua posição de prontidão diretamente para o alvo, sem fazer absolutamente nenhum movimento desnecessário. O ritmo e a capacidade de perceber o momento mais oportuno devem ser perfeitos. Isso requer que o cotovelo, os ombros e os joelhos estejam relaxados.

3
GO NO SEN

GO NO SEN

Norihiko Iida é especialista em *go no sen*. Qualquer que seja o seu adversário, ele mantém o seu próprio ritmo.

Go no sen, ou seja, tomar a iniciativa posteriormente, não é o mesmo que contra-atacar ou praticar o karatê defensivo, nem tampouco simplesmente induzir o oponente à ação. Significa fazer com que o oponente execute movimentos que sejam vantajosos para você e então vencer a luta de acordo com o seu próprio ritmo.

As variações das técnicas de Norihiko Iida são admiráveis. Elas lembram as misteriosas técnicas de girar os dedos como se estivessem hipnotizando uma libélula. A pessoa nunca acha que vai ser derrotada por meio desse ardil, mas acaba sucumbindo. Um exemplo disso ocorreu em um recente torneio internacional, quando Iida empregou uma técnica perfeita, passando de um chute circular para um chute duplo que deixou os espectadores boquiabertos.

Essencial para o *go no sen* é o *kihaku*, que é espírito. Dominando o adversário com seu espírito, você pode induzi-lo à ação e derrotá-lo. Em suma, o espírito é o ponto principal na vitória. Assim, treinar o sexto sentido é fundamental para o distanciamento, como se mencionou antes. Em *maai*, a pessoa deve observar *tudo*.

Ter habilidade para deixar que um soco ou um chute chegue muito perto e ainda ter confiança para bloquear e contra-atacar requer prática diária. E deve-se compreender plenamente que um bloqueio não é apenas isso: em seguida, deve-se desfazer a posição de luta do oponente. A eficiência é, então, muito maior.

Depois de assumir um *kamae* em posição frontal, altere-a para uma posição dorsal sem mover o pé. Esquive-se do punho ou do chute, movendo o tronco para trás. Depois deixe que o impulso da perna de trás leve o tronco para a frente e contra-ataque.

Nas fotografias das páginas seguintes, o adversário de Iida é Yoshiharu Ōsaka, que usa basicamente técnicas de penetração e cujos kata são de primeira ordem.

3

6

9

Ashi barai Quando o adversário investir, derrube-o com a perna e finalize com um soco.

Ashi barai Use a perna para tirar a estabilidade do adversário e derrube-o.

1

3

2

4

Gedan barai uke Bloqueando o chute para baixo, vire o oponente de costas. Execute um golpe decisivo sem lhe dar oportunidade de recuperar a postura.

5

6

Sukui-uke Curvando-se para trás, atraia o oponente para perto e bloqueie.
Com um movimento rápido do quadril, volte à sua posição e contra-ataque.

3

1

4

2

1   2   3

O kamae de Iida merece ser estudado cuidadosamente. Induzindo o oponente a atacar, simulando uma abertura, ameaçando, Iida toma a iniciativa. Ele pode, por exemplo, parecer preparado para dar um chute de estocada e então bloquear o adversário.

O go no sen não é uma postura defensiva: sua postura deve estar cheia do espírito de luta. Nunca desista de tomar a iniciativa.

1   2

Bloqueio seguro No *go no sen*, o bloqueio seguro e eficiente contra qualquer ataque é muito importante. Bloqueie o lado externo, mantendo o adversário afastado do seu corpo.

1 2

2 3

Desequilibre o oponente Quando bloquear, acabe também com o equilíbrio e a estabilidade do oponente, preparando dessa forma o estágio para o *kime*. Coloque a perna à frente, contra a perna do oponente que também está à frente, empurrando o joelho dele de fora para dentro ou de dentro para fora.

1

2

3

Treinamento da esquiva Para levar o oponente a se aproximar o máximo possível, você precisa ter uma percepção cabal dos movimentos de ataque dele. Mescle essa técnica à mudança da postura avançada para a postura recuada, curvando o tronco para trás e evitando assim o ataque. Para se defender de um soco ou de um chute, você pode facilmente fazer um bloqueio e depois atacar vigorosamente, usando o impulso do tronco para retomar a postura avançada.

1   1

2   2

3   3

4

Segundo Torneio da Federação Internacional de Karatê Amador, Tóquio, 1977

4
TIPOS DE CHUTES

TIPOS DE CHUTES

Vale a pena observar as mãos e os pés de Masaaki Ueki, pois eles são muito rápidos e realmente vigorosos. Seu chute pode ser ouvido a distância, e ele mostra rapidez e grande força ao dobrar os joelhos. Não é, portanto, surpreendente o fato de muitos de seus adversários terem sido derrotados.

Tendo em vista o chute ideal, seu equilíbrio, o tornozelo de apoio, o uso dinâmico do joelho e a execução são quase perfeitos. Nas competições, seu espírito, seu ritmo e sua capacidade de perceber o momento mais oportuno são impressionantes. Ele pode interromper a qualquer instante o movimento do adversário pressionando-lhe a perna levada à frente, com seu pé em espada ou com a sola, e mudar imediatamente a técnica e chutar. Pode também usar com eficácia o *keri-nuke*, que consiste em esquivar-se do adversário e ao mesmo tempo atacá-lo com um chute. São poucos os que dominam essa técnica atualmente.

Conseguir bons resultados no *sen no sen* com um chute é difícil. O movimento no início exato do chute é visível, e o oponente contra-ataca com certa facilidade. É por isso que o fato de dobrar o joelho deve ser extremamente rápido. Assim, o equilíbrio da perna de apoio, que deve ser simplesmente perfeito, é uma condição indispensável. O lema que se deve ter em mente no treinamento diário é: um movimento rápido, um chute longo, rápido e potente.

Nas fotografias das páginas seguintes, o oponente de Ueki é Mikio Yahara. Suas técnicas de mudanças rápidas (*henka waza*) muito freqüentemente pegam o adversário de surpresa, e ele tem a fama de *shobu-zuyosa* (arrebatar a vitória das garras da derrota).

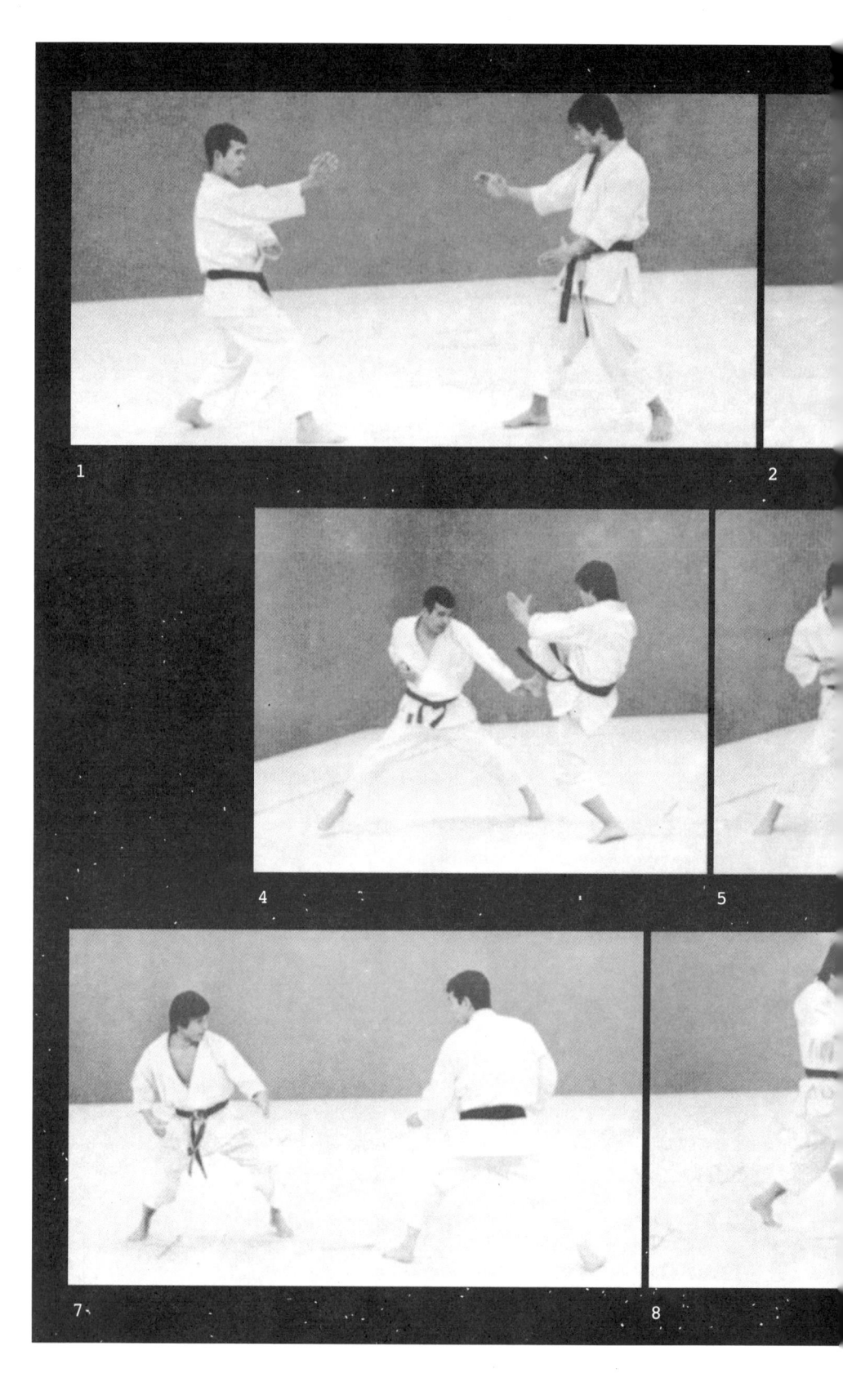

1   2

4   5

7   8

3

6

9

1

2

3

Kekomi Quando o adversário está prestes a atacar, desfira um violento chute de estocada, visando o plexo solar ou a garganta.

1

2

1

2

4

5

Keri-nuke Depois de um rápido chute frontal no plexo solar, atinja as costas do adversário deslocando-lhe o pé de apoio. Nesse chute, é importante abaixar os quadris ao movimentar a perna de apoio.

3

6 7

Deslocamento do peso do corpo e dos quadris A partir de uma posição afastada, leve ligeiramente para trás o pé que está na frente, no início do ataque do adversário. Tão logo o peso do corpo tenha se deslocado para a perna de trás, contra-ataque com um chute no ombro ou no rosto do oponente.

1   2   3

4   5

1   2   3

Dobrar o joelho e impulsionar os quadris para a frente Faça da perna da frente a perna de apoio, apoiando todo o peso do corpo nela, enquanto dobra o tornozelo e o joelho da outra perna. Ao erguer o joelho da perna que dará o chute em direção ao peito de modo rápido, leve e suave, dobre ainda mais o outro tornozelo e impulsione bruscamente os quadris para a frente para dar mais potência ao chute.

Keri-nuke No momento do ataque do adversário, abaixe os quadris e desloque a perna de apoio próxima a ele, desferindo um golpe frontal ou circular, rápido mas potente, e movendo-se em seguida para trás. Depois de chutar, é importante manter o corpo estável, enquanto recoloca o pé no chão rapidamente e transfere de imediato o peso do corpo para essa

perna. Tão importante quanto chutar é deslocar a perna de apoio, mantendo o joelho e o tornozelo dobrados, mas fortes e flexíveis. O *keri-nuke* é muito eficaz, porém muito difícil. Pratique com diligência, tendo sempre em mente os pontos principais.

Segundo Torneio da Federação Internacional de Karatê Amador, Tóquio, 1977

GOLPES

GOLPES EM LUTA A CURTA DISTÂNCIA

O ponto forte de Keigo Abe são os golpes com o dorso do punho e outras técnicas para golpear. Ele se utiliza de um grande número de golpes curtos, que são extremamente variados, como puderam constatar muitos oponentes derrotados.

Contra um ataque impetuoso, ele se moverá lateralmente e revidará com um golpe com o dorso do punho ou com a mão em espada. Girando os quadris com a perna-pivô, que serve como eixo, os movimentos do braço, da perna e do quadril são perfeitamente coordenados por uma técnica de magnífica eficiência.

Ao golpear, o *maai* e o controle do próprio corpo (*tai-sabaki*) estão intimamente relacionados. Um dos motivos da perfeição de Abe é a maneira pela qual ele controla o ataque do oponente, esquiva-se e contra-ataca um momento antes da consumação da técnica do adversário. Existem várias maneiras de induzir um ataque: diminuindo a distância, dominando o oponente com o espírito de luta, recuando, fazendo com que o adversário pense que há uma abertura e assim por diante. Tanto a perna da frente quanto a de trás podem ser a perna-pivô; movimente-se perto do corpo do oponente e use a potência da rotação do quadril. Ao executar qualquer tipo de técnica, a energia espiritual deve estar em sua plenitude.

Nas fotos das páginas seguintes, o adversário de Abe é Mikio Yahara.

3

6

8

1

2

Golpe com o dorso do punho   Depois de induzir o oponente a atacar primeiro, use a perna da frente como pivô e, com uma brusca rotação dos quadris, faça um contra-ataque com o dorso do punho, em direção ao rosto do oponente.

3

4   5

1

2

3

4

Golpe com a mão em espada Para bloquear um chute, dê um passo à frente e conclua com um golpe com a mão em espada, de fora para dentro.

1

2

3

4

Golpe com a mão em espada Ao mesmo tempo que bloqueia, com a mão esquerda em forma de concha, ataque-lhe a carótida com a mão direita em espada.

1

2

3

Tai-sabaki   Girando a perna-pivô, use a rotação contrária dos quadris em um golpe rápido com o dorso do punho. A coordenação da respiração, da rotação e dos movimentos dos braços e dos pés requer treinamento.

4

5

1
2
3
4

Derrubar o adversário Enquanto gira os quadris para a esquerda, use a mão esquerda para bloquear rapidamente e a mão direita em espada para golpear o pescoço. Então, girando completamente os quadris para a direita, erga a mão esquerda e empurre o oponente para baixo com a mão direita.

1

2

3

4

Golpe com o flanco interno da mão Livre-se do soco do adversário desviando-o para o lado com a mão esquerda. Então, junto com a rotação dos quadris, lance um contra-ataque à carótida do adversário com um amplo golpe com o flanco interno da mão, de fora para dentro.

1

2

3

Algumas técnicas para combate a curta distância
1. Golpeie de baixo para cima com o cotovelo, enquanto detém o soco do oponente.
2. Golpeie de baixo para cima com o cotovelo, enquanto detém o chute do oponente.
3. Golpeie lateralmente com o cotovelo, enquanto detém o braço que desfere o soco.
4. *Tai-sabaki*: abaixando os quadris, dê um golpe horizontal com o dorso do punho.
5. Golpeie com o punho de cima para baixo depois de deter o chute.
6. Golpeie com o cotovelo (ou com o dorso do punho) enquanto detém a mão do oponente com a sua mão, ou o pé dele com o seu pé.
7. Leve o joelho contra o plexo solar do oponente depois de bloquear o golpe com ambas as mãos.
8. No início do chute do adversário, invista aproximando-se, perturbe seu equilíbrio e então golpeie o pescoço dele com o flanco interno da mão.

4

5

6

7

8

Segundo Torneio da Federação Internacional de Karatê Amador, Tóquio, 1977

CHUTES EM LUTA A CURTA DISTÂNCIA

Em lutas a curta distância, o chute circular de Katsunori Tsuyama costuma surpreender o adversário. Desferido de frente, o alvo pode ser a parte posterior da cabeça. Ele é particularmente hábil em interceptar o braço do adversário ao receber um soco, e, aproximando-se ainda mais dele, executar, de uma distância menor, um rápido chute circular visando o queixo do adversário. Fazendo uma curva mais alta, ele pode visar a nuca do adversário com os dedos do pé inclinando-se para baixo. Essa rara habilidade é inconcebível se os quadris não tiverem extraordinária força e flexibilidade. Tsuyama adquiriu essa força e flexibilidade como resultado de um período de muitos anos dedicados ao treino dos fundamentos do karatê.

O chute circular é freqüentemente usado nas competições atuais, mas raramente se vê um karateca cuja perna descreva uma trajetória elevada, com o tornozelo flexionado e os dedos do pé apontando diagonalmente para baixo — uma eficaz técnica de combate nos dias de hoje. É lamentável que tenha diminuído o número de karatecas que treinam rigorosamente e com perseverança para dominar as técnicas fundamentais dessa arte marcial. O equilíbrio de Tsuyama e a trajetória da sua perna no momento do chute destacam-se com todo o brilhantismo.

O pé de apoio é, a princípio, deslocado para mais perto do pé do oponente, o tornozelo é curvado e a sola se mantém firmemente no chão, de forma que a pessoa tenha uma base estável para executar o chute. O caminho para o aprimoramento é praticar repetidamente a elevação do joelho da perna que chuta, até o nível do peito.

Nas fotografias das páginas seguintes, o oponente de Tsuyama é Eishige Matsukura que, graças a um longo treinamento, desenvolveu pernas e quadris fortes que lhe permitem desferir golpes e chutes contundentes.

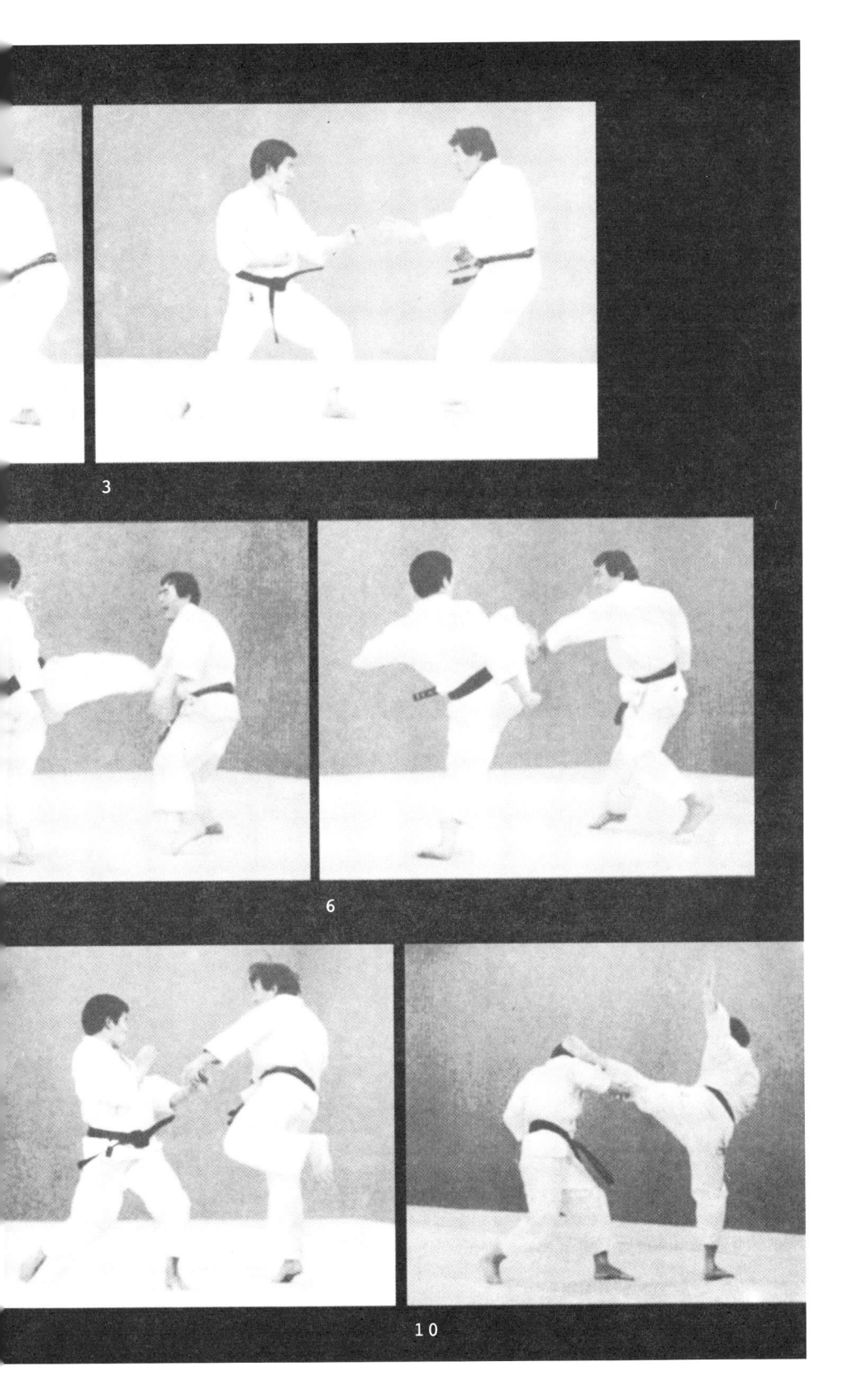

3

6

10

Chute circular depois de ser atacado com um chute   Tão logo o pé de chute do oponente toque o solo, contra-ataque de frente com um chute circular alto. Isso é muito difícil, a menos que o joelho seja erguido até bem próximo do peito.

Os detalhes são os mesmos para um chute de dentro para fora.

1

2

1 2

5 6

Equilíbrio e trajetória da perna de chute Quando o oponente iniciar o ataque, desloque-se rapidamente para a sua retaguarda. Aproxime-se o suficiente e desfira um ataque de surpresa, um chute circular contra a coluna cervical. O equilíbrio e a trajetória correta são essenciais. Um chute forte e eficiente pode ser executado elevando-se a perna direita para o alto, torcendo-se o tornozelo e atacando em diagonal para baixo.

4

7

Chute enquanto se empurra o oponente Defendendo-se de um ataque no nível superior, segure o braço de soco do oponente, puxando-o na sua direção, e então chute-lhe o flanco com o pé que está atrás.

Dobrar o joelho Erga o joelho bem alto (no nível do ombro) e gire a perna de fora para dentro. O chute será mais eficiente se os dedos do pé estiverem apontados para baixo. Com a prática, o chute poderá ser executado sem que a perna se afaste muito do corpo. Essa é uma combinação do chute frontal com o chute circular.

7
ARREMESSO AO CHÃO

ROTAÇÃO, TAI-SABAKI, ARREMESSO AO CHÃO

Os variados movimentos de Tetsuhiko Asai, que às vezes se assemelham a uma dança executada no ar, deixa os espectadores pasmos. No kumite, ele se esquiva dos chutes, golpeia a virilha de baixo para cima, escapa de um ataque por uma tênue margem, salta para um ataque com a mão em espada em direção ao pescoço do oponente, deixando-se cair e mudando de direção para efetuar um golpe rápido com a perna — ações intricadas e acrobáticas como essas são muito úteis no combate. Provavelmente, não existe quem se compare a ele.

Seu inimitável talento tem origem no treinamento praticado desde a juventude, que lhe valeu quadris fortes, um corpo flexível, uma técnica perfeita, excelentes reflexos e uma coragem indomável.

Para fazer um movimento contínuo são necessários *tai-sabaki* e a habilidade para mudar a direção, e para isso o uso correto dos quadris e o ágil movimento da perna são indispensáveis. A rotação dos quadris pode ser feita à direita ou à esquerda, para a frente; à direita ou à esquerda, para trás. Ao se fazer a rotação, o quadril direito ou esquerdo deve ser o ponto de apoio ou o centro dos quadris deve ser o pivô de um movimento em forma de vírgula. A perna pode se movimentar para a frente ou para trás, para a esquerda ou para a direita, cruzando-se uma perna pela frente ou por trás da outra (da esquerda para a direita ou vice-versa). Também pode-se mover a perna para a frente ou para trás, para a esquerda ou para a direita, mudando-se a perna-pivô sem cruzar as pernas; também se pode mover a perna para a frente ou para trás, para um dos lados, mantendo-se a mesma distância entre os pés e usando o *yori-ashi*.

Nas fotografias das páginas seguintes, o oponente de Asai é Yoshiharu Ōsaka.

1

2

5

6

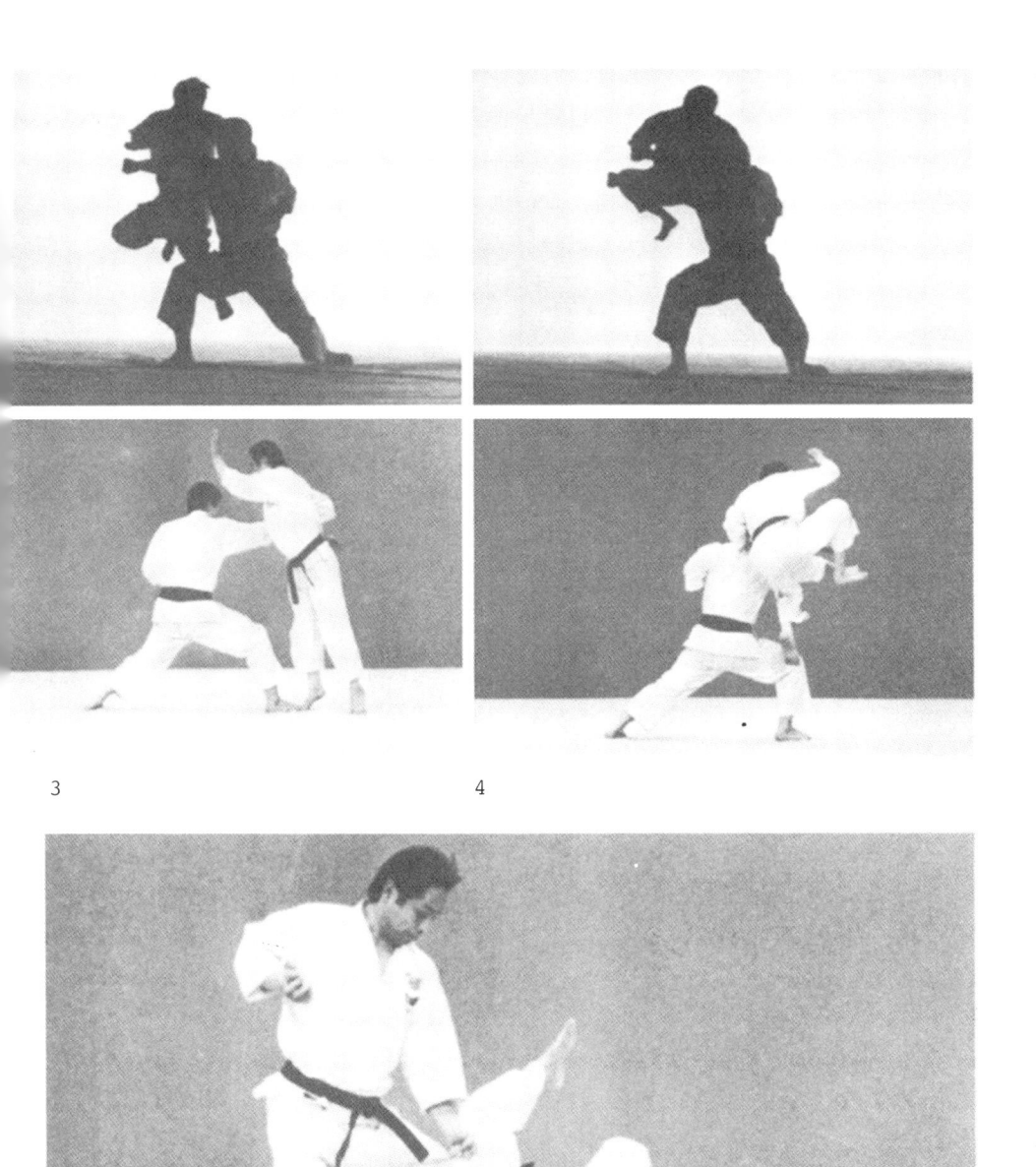

3   4

7

Salto e arremesso Quando o oponente investir, coloque sua mão no ombro dele e pule para a retaguarda. Finalize com a mão em espada e derrube-o.

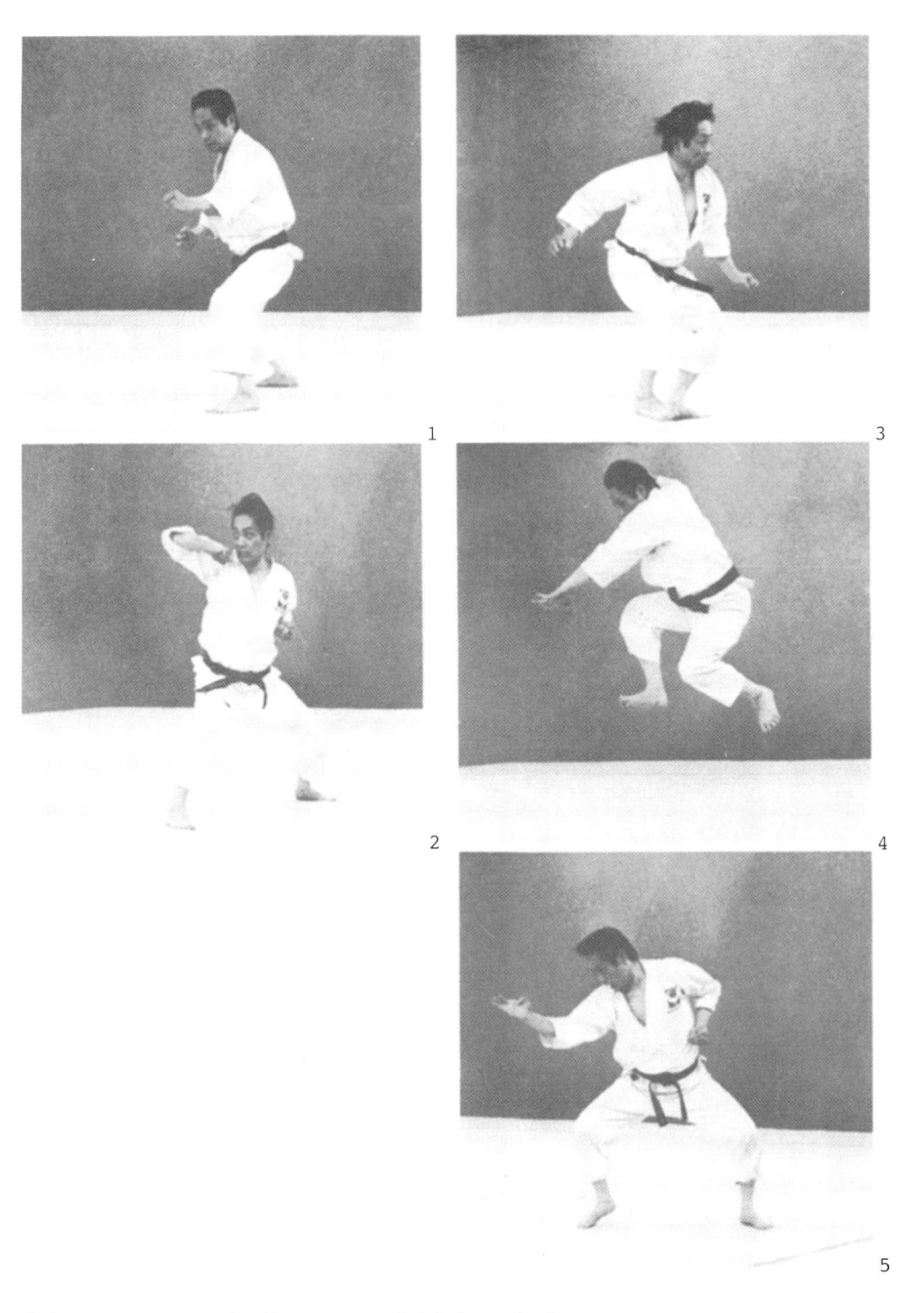

1

3

2

4

5

Salto e mão em espada Com a perna-pivô à frente invista contra a retaguarda do oponente. Dê um golpe de cotovelo e em seguida um golpe
com a mão em espada.

1

2

3

4

5

1

2

3

4

5

Rotação, rotação inversa, ashi barai Ao bloquear um ataque da direita, faça uma rotação para dar um chute circular. Então, fazendo uma rotação inversa, execute um *ashi barai* e use o dorso do pulso para um *kime*.

6

7

9

8

1

2

4   5

Esquivar de um chute Depois de se esquivar, contra-ataque ao mesmo
tempo que investe contra a retaguarda do oponente. O fator surpresa é
muito importante.

3

6

7

1 2

Arremesso Contra sucessivos chutes e socos, agarre o pulso do oponente, gire-o, abaixe os quadris e derrube-o.

3 4

8

9

1

2

3

Arremesso Sob um ataque contínuo, abaixe o corpo subitamente, desloque
o pé do oponente e derrube-o.

4

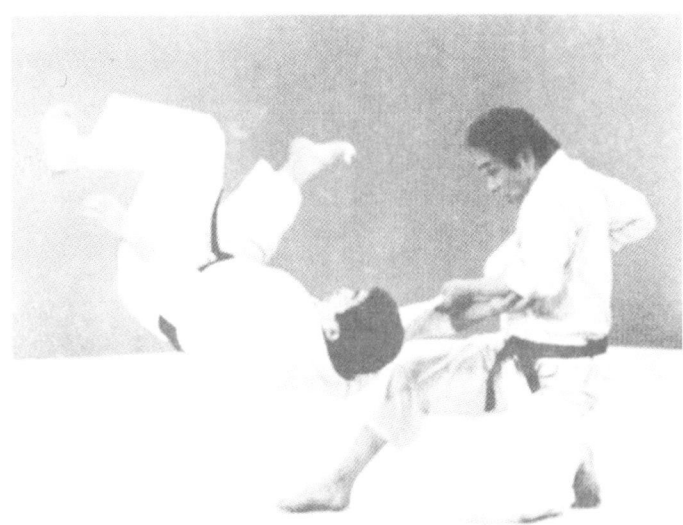

5

6

1   2

5   6   7

Entrada tai-sabaki e empurrão para baixo No ritmo do ataque do oponente, desloque-se para perto do corpo dele. Permaneça próximo a ele e invista contra a sua retaguarda com uma ágil rotação de quadril; então empurre-o para baixo.

3

4

8

9

Golpe com a mão em espada saltando Saltando para perto do punho do oponente, execute um golpe com a mão em espada de cima para baixo, enquanto investe contra a retaguarda dele. Quando saltar, eleve os dois joelhos até o nível do peito para tornar o golpe mais eficaz.

Deslocamento e movimento do pé Existe a tática de deslocar o pé esquerdo para perto da retaguarda do pé do oponente e chegar mais perto das suas costas. Asai faz isso sem ser percebido, pois conhece muito bem as técnicas básicas de deslocamento e movimento do pé.

1

2   3

Esquiva Determinação é o fator mais importante ao se esquivar de um chute. Depois de girar a cabeça, com um bom senso de oportunidade, direcione-a para a virilha do oponente. Parta imediatamente para o contra-ataque, fazendo um giro inverso.

5

4

6

1

3

2

4

1

2

3

Esquiva Para se esquivar de um chute é preciso antes aprender a se esquivar de um soco. Primeiro bloqueie, depois se esquive em direção à axila do oponente. Quando tiver aprendido essa técnica, esquive-se sem bloquear. Para tanto é necessário menear o tronco.

Chute circular de costas, rotação inversa Depois de bloquear com uma rotação da perna-pivô, que está na frente, execute uma rotação inversa e desloque a perna do oponente com a perna de chute. O equilíbrio deve ser muito bom, e as pernas e as costas extremamente flexíveis.

8

9

10

O essencial para o chute circular para trás Faça do pé direito à frente o pé-pivô, e logo após bloquear com ambas as mãos gire os quadris num movimento amplo para a esquerda. Se o tornozelo e o joelho não estiverem flexionados e firmes, o chute não será muito eficaz.

Rotação inversa, ashi barai Com a perna direita como pivô, gire os quadris num movimento amplo para a esquerda e desloque o tornozelo ou o joelho do oponente chutando com a perna esquerda. Para garantir a eficácia dessa manobra, a perna de apoio, os quadris e a perna que executa o chute devem girar simultaneamente.

Segundo Torneio da Federação Internacional de Karatê Amador, Tóquio, 1977

8
ATAQUE EM DOIS NÍVEIS

ATAQUE EM DOIS NÍVEIS

Com uma variedade de técnicas recíprocas e contínuas, mas sem movimentos desnecessários, Hirokazu Kanazawa atrai e derruba o oponente. Ao atacar, ele antevê a réplica do adversário e então usa de outra técnica para finalizar. Suas táticas em todas as direções são excelentes e, como se vê nos vídeos das suas lutas, ele aplica o *kime-waza* — socar, golpear e chutar com muita propriedade.

No entanto, ele não se limita a esses movimentos; coordena-os com muitas técnicas, que executa livremente. Desde o movimento *(dō)* até a inatividade *(sei)*, o aproveitamento das oportunidades, a capacidade de perceber o momento certo para aplicar uma técnica — tudo é perfeito. Diante de um ataque, Kanazawa executa o *tai-sabaki* uma fração de segundo mais rápido que o movimento do oponente.

Quando evita um ataque desviando o corpo ou abaixando os quadris, o karateca pode ficar exposto a um ataque contínuo e ser encurralado. Por isso, depois de evitar o ataque, ele deve mudar de direção e contra-atacar imediatamente, enquanto se movimenta. Quando o oponente investe, o melhor é não se opor diretamente à força dele, mas enfrentá-lo com um bloqueio, desviando-lhe o golpe ou o chute para o lado. Isso pode fazer com que o oponente se desequilibre. Ao se livrar da manobra do atacante e passar para o ataque, há a possibilidade de proporcionar grande potência às técnicas por meio da respiração, da concentração e da contração máxima e imediata dos músculos. Tudo isso deve ocorrer ao mesmo tempo que se desloca o centro de gravidade.

Nas fotografias das páginas seguintes, o oponente de Kanazawa é Yoshiharu Ōsaka.

3   4

7

3   4

7   8

1

2

3

Chute, mawarikomi, golpe com o lado interno da mão Execute um chute frontal para induzir o oponente a contra-atacar com um chute. Ao mesmo tempo que bloqueia, finalize com um golpe contra a carótida do oponente com o lado interno da mão.

4

5

6

7

1   2

3   4

Soco de estocada e variações Induza o oponente a bloquear. Então bloqueie o contra-ataque dele e finalize.

1

2

Luta-exibição entre Kanazawa e Asai. 2. *Kamae* individual. 3. Chute circular repentino de Asai. 4. Ataque de Kanazawa ao rosto, com a mão em espada. 5-6. Asai evita chute de Kanazawa. 7. Técnicas em curta seqüência. 8. Ataque com chute de Kanazawa. 9. Reinício da luta. 10-11. Ataque com chute de Asai. 12-13. Mudanças repetidas. 14-16. Asai evita o ataque esquivando-se. 17. Olhando-se fixamente, ambos se afastam.

3

4

5

6

7

8

9

10

15

16

17

18

GLOSSÁRIO

ashi barai: varredura de pernas, 48, 49, 110, 126, 129

budō: artes marciais, 22

dō: movimento, atividade, 23, 132

fumikomi: pisada, 37

gedan barai uke: bloqueio de cima para baixo, 50
go no sen: tomar a iniciativa posteriormente, 19, 44, 54, 56

haitō uchi: golpe com o lado interno da mão, 87, 88, 138
hanmi: posição semivoltada para a frente, 18
henka waza: mudança de técnicas, 62
hiji-ate: golpe de cotovelo, 88, 108

ichibyōshi: de um só fôlego, 24
ikken hissatsu: matar com um golpe, 11

jiku ashi: perna-pivô, 40, 76, 80, 84, 104, 108, 126, 128, 129
jissen: luta real, 17

kamae: postura, 16, 19, 24, 30, 40, 44, 141
kamaekata: 18
keitō uchi: golpe com o dorso do punho no alto da cabeça, 88
kekomi: ataque com um chute, 54, 66, 70, 141
ken: condição de atividade, 23

ken no sen: aproveitar a iniciativa anterior, 25
keri-nuke: livrar-se do inimigo com um chute, 62, 68, 72
ki: energia intrínseca, 23
kihaku: espírito, 44
kime: finalizar, 11, 38, 57, 110
kime-waza: técnica decisiva, 23, 132
kōkutsu-dachi: postura recuada, 44, 58
kokyū: respiração (ritmo), 17, 84, 132

maai: distanciamento, 17, 19, 30, 44, 76
mae-geri: chute frontal, 72, 102
mawashi-geri: chute circular, 72, 92, 96, 98, 102, 110, 126, 128, 141
me no tsukekata: fixação dos olhos, 18

ni no koshi no hyōshi: em duas cadências, 24

oi-zuki: soco em estocada, 38, 140

randori: golpes no judô, 17

sabaki: 30
sei: tranqüilidade, inatividade, 23, 132
sen no sen: tomar a iniciativa antes, 19, 30, 62
shizen kumite: kumite natural, 18
shobu-zuyosa: arrebatar a vitória das garras da derrota, 62
shutō uchi: golpe com a mão em es-

Tokyo, 1976

O MELHOR DO KARATÊ - 4
Kumite 2

M. Nakayama

Este livro complementa o volume 3 desta série e, como o anterior, traz ensinamentos de mestres das artes marciais para orientar o estudante no caminho da consciência espiritual e da maturidade mental. *O Melhor do Karatê 4* trata exclusivamente do kumite e da relação deste com o treinamento como um todo.

* * *

Masatoshi Nakayama continua divulgando a tradição do seu mestre, Gichin Funakoshi, considerado o pai do karatê moderno.

Professor e diretor de educação física na Universidade Takushoku, Nakayama foi instrutor-chefe da Associação Japonesa de Karatê de 1955 até 1987, ano em que faleceu. Faixa preta de nono grau e figura conhecida nas competições, foi dos primeiros a enviar instrutores para fora do Japão e a incentivar o desenvolvimento do ˙ ᵔratê como esporte, proporcionando-lhe uma base científica.

"Esta obra é de grande utilidade principalmente para estudantes adiantados."

Choice

EDITORA CULTRIX

Italy, 1975

O MELHOR DO KARATÊ - 2

Fundamentos

M. Nakayama

Neste volume, o segundo da série *O Melhor do Karatê*, Masatoshi Nakayama, além de continuar a explicar as regras básicas que devem ser postas em prática quando se executa o kata ou se aplica o kumite, destaca os princípios físicos e fisiológicos da fonte do karatê e a concentração de força, golpes, forma, estabilidade, técnica e movimento em todas as direções, que são aspectos básicos e abrangentes do treinamento.

A prática deve ser constante e diligente, e não precipitada, e o fortalecimento do corpo deve ser feito gradualmente, dando-se grande destaque à elasticidade dos músculos.

* * *

Masatoshi Nakayama continua divulgando a tradição do seu mestre, Gichin Funakoshi, considerado o pai do karatê moderno.

Professor e diretor de educação física na Universidade Takushoku, Nakayama foi instrutor-chefe da Associação Japonesa de Karatê de 1955 até 1987, ano em que faleceu. Faixa preta de nono grau e figura conhecida nas competições, foi dos primeiros a enviar instrutores para fora do Japão e a encorajar o desenvolvimento do karatê como esporte, dando-lhe base científica.

EDITORA CULTRIX

Japan, 1977

O MELHOR DO KARATÊ - 5
Heian, Tekki

M Nakayama

Kata, os exercícios formais do treinamento do karatê, constituem a essência da prática em Okinawa e na China e são o centro do método do treinamento atual

Detalhados aqui numa seqüência de 1500 fotografias, estão os cinco Heian e os três Tekki kata, cujo domínio é necessário para obter o primeiro dan.

Os exercícios são demonstrados pelo autor Masatoshi Nakayama, e por Yoshiharu Osaka.

O treinamento intensivo, mental e físico, é o pré-requisito para se adquirir a capacidade de controlar os próprios movimentos, e essa, por sua vez, é a marca do competidor capaz. Exatamente como em outros esportes e artes marciais, o domínio dessas técnicas básicas só é conseguido mediante um treinamento constante e uma dedicação exemplar

* * *

Masatoshi Nakayama continua divulgando a tradição do seu mestre, Gichin Funakoshi, considerado o pai do karatê moderno.

Professor e diretor de educação física na Universidade Takushoku, Nakayama foi instrutor-chefe da Associação Japonesa de Karatê de 1955 até 1987 ano em que faleceu. Faixa preta de nono grau e figura conhecida nas competições, foi dos primeiros a enviar instrutores para fora do Japão e a encorajar o desenvolvimento do karatê como esporte, dando-lhe uma base científica.

EDITORA CULTRIX

KARATÊ-DŌ
O MEU MODO DE VIDA

Gichin Funakoshi

Muito já se publicou no Japão sobre o eminente mestre de karatê, Gichin Funakoshi, mas esta é a primeira tradução de sua autobiografia para o português. Escrita pouco antes de sua morte, aos noventa anos, a obra descreve em detalhes sucintos a vida do mestre — sua infância e juventude em Okinawa, sua luta para aperfeiçoar e popularizar a arte do karatê, suas orientações para se alcançar a longevidade — e revela sua personalidade única e seu modo de ver a si mesmo, ao seu mundo e à sua arte.

Através da leitura deste livro, o praticante de karatê-do chegará a uma compreensão maior do modo de viver e de pensar do mestre e, como conseqüência, da arte da autodefesa que ele tanto aperfeiçoou.

Karatê-Dō — O Meu Modo de Vida é um livro altamente recomendado não só para os que praticam essa arte marcial, mas também para todos os que se interessam pela cultura e pelo pensamento do Oriente refletidos na ética e na arte da autodefesa.

EDITORA CULTRIX

O ESPÍRITO DO AIKIDŌ

Kisshōmaru Ueshiba

Este é o livro mais importante sobre Aikidō já publicado no Ocidente até a presente data. Seu autor, Kisshōmaru Ueshiba, atual líder mundial dessa arte e filho do fundador, sem dúvida alguma é a fonte mais credenciada para se conhecer em profundidade o pensamento do grande mestre Morihei Ueshiba.

Nesta obra, em que pela primeira vez se revela toda a base filosófica e teórica que sustenta essa fantástica arte, mostra-se como os ensinamentos do Aikidō são um remédio salutar para os problemas que a humanidade está enfrentando neste final de século, constituindo uma proposta valiosa para a criação de um ser humano mais atento ao meio em que vive e mais consciente da importância da sua interação com o universo.

EDITORA CULTRIX